Hühnerhaltung Schritt für Schritt

Das Hühner Buch für Einsteiger

inkl. Tipps und Tricks rund um Haltung, Pflege, Futter, Rassen etc.

Markus Wienekamp

🐓 INHALT

Das erwartet Sie in diesem Buch

Beim Blick in den Garten fehlt Ihnen einfach das gewisse Etwas und Ihr Frühstückstisch würde sich über eine Erweiterung um frische Eier freuen? Vielleicht haben Sie da schon über die Hühnerhaltung nachgedacht. Da sich die wenigsten noch mit Hühnerhaltung auskennen, zögern viele, doch in diesem Buch wird Ihr Wissen erweitert und Sie können unbesorgt Ihre ersten Hühner im Garten einquartieren. Von der Entscheidungsfindung über den Stall, das Futter, die passende Rasse und die richtige Gesundheitsversorgung finden Sie alles, was man als Neueinsteiger lernen muss.

Für den Stall bieten sich gleich mehrere Möglichkeiten an: Sie können kreativ werden und Ihre Stallidee von Grund auf verwirklichen. Sie können aber auch ein altes Gebäude nutzen, vielleicht einen alten Schuppen? Oder ist das Konzept der mobilen Hühnerhaltung viel eher die perfekte Lösung für Sie?

Bei ihren Futtervorlieben können Hühner überraschen. Nicht wenige halten Hühner für reine Vegetarier, doch wer sich an die klischeehaften, um einen Wurm streitenden Hühner erinnert, kennt schon eines der Lieblingsessen der Hühner. Würmer, Käfer, Maden und sogar Hühnerfleisch ist sehr beliebt. Generell lieben sie eiweißreiches Essen und darum entflammt auch der ein oder andere laute Streit. Insgesamt essen Hühner fast alles und man kann sie auch gerne als Alternative zum Kompost betrachten.

Aber auch die Rassenvielfalt verblüfft, denn allein in Europa sind über 200 Rassen gelistet. Es gibt kleine, große, flauschige, zutrauliche, stolze, aggressive und echte Kämpfer. Welchen Typ Huhn Sie auch immer suchen, es gibt ihn bestimmt. In diesem Buch können Sie ein paar der interessantesten Rassen kennen lernen und sich in eine von ihnen verlieben.

Ebenso lernen Sie die wichtigsten Details zur Gesundheit Ihrer neuen Schützlinge kennen. Die Mauser zum Beispiel ist ein allgemeines Phänomen bei Vögeln und doch den wenigsten ist viel darüber bekannt. Es kommen Fragen auf wie, „Wie läuft sie ab?" und „Wie unterstütze ich meine Hühner dabei am besten?". Hier werden diese ausreichend beantwortet.

Mit Tipps und Tricks steht Ihnen dieser Ratgeber zur Seite und kann Ihnen hoffentlich beim Start in ein fröhliches Leben als Hühnerhalter helfen. Und wer hat nicht gerne beim Frühstück frisch gelegte Eier auf dem Tisch, vielleicht sogar grüne?

Soll ich mir Hühner anschaffen?

Bevor Sie sich Hühner anschaffen, sollten Sie sich die Frage stellen, ob Hühner die richtigen Tiere für Sie sind. Zunächst einmal sind die meisten Hühnerrassen relativ anspruchslos und bedeuten täglich einen geringen Zeitaufwand, nur gelegentlich einmal etwas mehr.

IST GENUG PLATZ VORHANDEN?

Natürlich sollten Sie vor allem genügend Platz draußen haben, also ein größeres Grundstück oder einen Platz im Geflügel-/Kleintierzuchtverein. Dabei stellen Hühner, besonders im Sommer, eine merkliche Geruchsbelastung dar. Dies lässt sich durch sehr regelmäßiges Ausmisten zwar reduzieren, aber nicht komplett vermeiden. Für den anfallenden Mist sollte zudem eine Entsorgungsmöglichkeit bestehen. Beispielsweise kann der Mist im eigenen Kompost entsorgt werden oder nach Absprache auf Misthaufen von Tierheimen und Pferdehöfen. Des Weiteren bieten einige Verkäufer von Einstreu eine kostenlose Rücknahme des Mists an.

Ansonsten lässt sich der Hühnermist aufgrund der höheren Werte von Kalium auch sehr gut als Dünger verwenden. Allerdings sollten die Hühnerexkremente gut mit anderem, wie z.B. Stroh, vermischt und eine Weile kompostiert und gewässert werden, um den hohen Stickstoffgehalt einzudämmen. Unbehandelt haben die Hühnerexkremente eine sehr schlechte Wirkung auf Pflanzen (Marc Landlive Redaktion 2020).

HABEN SIE GENUG ZEIT ZUR VERFÜGUNG?

Wie schon erwähnt, bedeuten Hühner im Alltag keinen großen Zeitaufwand. Täglich fordern Hühner vor allem eines: Füttern, das Wasser wechseln und Eier aus den Nestern holen beziehungsweise die Suche danach. Dies sollte besonders ernst genommen werden, da Hühner Eier mögen. Wenn sie einmal angefangen haben ein Ei aus Langeweile anzupicken und zu essen, besteht die Gefahr, dass sie dies weiterhin machen und man nur noch kaputte Eier in den Nestern hat.

In regelmäßigen Abständen sollte man natürlich den Stall ausmisten, das kann gerne auch mal oberflächlich sein, es muss dann aber gelegentlich mit größerem Zeitaufwand, also je nach Größe des Geheges auch mal über mehrere Stunden, gemacht werden. Dies beugt einem Schädlingsbefall vor.

Außerdem sollte, wie bei jedem Tier, die Urlaubsbetreuung gesichert sein.

DIE RICHTIGE NACHBARSCHAFT?

Hühner mitten in Orten oder Städten werden immer beliebter. Viele Leute finden wieder Gefallen an den unkomplizierten Nutztieren. Gerade deshalb sollte sichergestellt werden, dass die Nachbarn einem dann keinen Strich durch die Rechnung machen. Auf dem Dorf müssen Nachbarn generell mehr dulden als in der Stadt.

Bei einer richterlichen Entscheidung werden oft Zeiten vorgeschrieben, wann der Hahn krähen darf und wann nicht. Diese sind aber maximal einhaltbar, wenn Sie einen lichtundurchlässigen Stall haben und die Hühner entsprechend einsperren, um ein Krähen zu vermeiden. Garantiert ist der Erfolg dabei aber auch nicht. Eine Lösung dafür wäre eine reine Mädelsgruppe ohne Hahn. Aber auch eine Geruchsbelästigung könnte mit Ihrem Nachbarn zu Streitigkeiten führen.

Um einer Eskalation der Lage aus dem Weg zu gehen, sollten Sie daher vor der Anschaffung von Hühnern mit Ihren Nachbarn über Ihre Pläne sprechen. Notfalls können natürlich auch regelmäßig frische Eier versprochen werden. Wenn Sie einige legefreudige Hennen haben, kommen Sie mit dem Eieressen wahrscheinlich sowieso kaum hinterher.

Sind Hühner das richtige für mich?

Stellen Sie sich zuletzt die Frage: Was erwarte ich von den Hühnern? Sollen sie reine Nutztiere zum Eierlegen oder sogar als Fleischlieferanten sein? Erwarte ich mir einen gewissen „Entertainmentfaktor"? Wollen ich und eventuell auch meine Familie/Kinder ein Haustier, ähnlich einem Kaninchen oder Meerschweinchen?

Wollen Sie ein reines Nutztier, eignen sich Hühner auf jeden Fall. Sie brauchen keine besondere Zuwendung wie etwa Hunde oder Katzen. Beschäftigt man sich aber mit ihnen, reagieren sie trotzdem meist neugierig. Wie ängstlich sie sind hängt stark von der Rasse und der Gewöhnung an verschiedene Situationen ab.

Alles in allem bieten Hühner trotz ihrer geringen Intelligenz manchmal durchaus ein witziges Schauspiel. Ihr Gegacker und die Kopfbewegungen erinnern häufig an empörte Klatschtanten und besonders bei der Erkundung einer neuen Umgebung ist es interessant, ihren Streifzügen zuzusehen. Es sollte einem allerdings bewusst sein, dass Hühner keine Kaninchen sind. Viele Hühner können es zwar bei Gewöhnung richtig genießen, gestreichelt zu werden, doch nicht immer ist dies der Fall. Wollen Hühner nicht hochgehoben und gestreichelt werden, flattern sie mit den Flügeln und können auch mal picken. Außerdem sind Hühner meist viel schmutziger als Kaninchen, da sie mehr in ihren Exkrementen herumlaufen.

Kurzum: Hühner sind pflegeleicht und unterhaltsam, können zutraulich sein und gestreichelt werden. Trotzdem sind Hühner keine Kuscheltiere und Angst vor Schmutz, Gezappel und Geflatter sollte auf keinen Fall vorhanden sein.

Wenn Sie jetzt alle Punkte mit Ja beantworten können, wünsche ich Ihnen viel Spaß bei der weiteren Vorbereitung auf Ihre neue Hühnerschar.

Die Unterbringung

Die Unterbringung der Hühner teilt sich in zwei unterschiedliche Bereiche auf: den Stall und den Auslauf. Wichtige Ziele bei der Umsetzung sind: Den Hühnern ein sicheres, artgerechtes und, besonders im Winter, warmes Zuhause zu bieten, aber nicht zuletzt auch, sich selbst ein schönes Umfeld zur Hühnerbeobachtung zu schaffen. Dafür müssen keine Designerställe entworfen werden, aber einige Standards sollten dennoch eingehalten werden, um den Anforderungen beider Seiten nachzukommen.

DER HÜHNERSTALL

Der Hühnerstall kann auf ganz verschiedene Art und Weise gestaltet werden. Infrage kommt die Nutzung eines bereits vorhandenen Gebäudes oder der komplette Neubau eines Stalls, sei es aus Holz, Beton oder Steinen. Im Folgenden sollen beide Konzepte erklärt werden.

Es gibt aber einige Punkte, die bei beiden Konzepten gleichermaßen zu beachten sind: Der Stall sollte mindestens:

- **1 m² für 3 - 4 Tiere** bieten,
- **1 Nest für 3 - 4 Tiere** (60 – 100 Tiere pro m² Nistraum bei Gruppennestern) beinhalten,
- **1 m Sitzstange für 4 - 5 Tiere** (20 - 25 cm pro Tier) und eventuell
- **genauso viele Meter Kotbrett wie Sitzstange** haben (Peitz et al. 2012, S. 31).

DIE SITZSTANGEN

Die Sitzstangen ermöglichen den Hühnern ein natürliches Schlafverhalten, da diese in der Wildnis auf Bäumen und Büschen schlafen würden. Das Kotbrett sollte dementsprechend unter den Stangen angebracht werden. Dies ist kein Muss, erleichtert aber das konzentrierte Entfernen der Hinterlassenschaften und hält die Einstreu länger frisch. Selbstverständlich sollten sowohl die Stangen als auch die Kotbretter herausnehmbar sein, um diese richtig saubermachen zu können.

Als Richtwerte für die Stangen und das Kotbrett gelten:

- **35 – 40 cm Abstand der Sitzstangen untereinander,**
- **4 – 6 cm Breite der Sitzstangen,** wenn es **rechteckige** sind,
- **4 – 6 cm Durchmesser bei runden/achteckigen Stangen** und
- **maximal 150 cm Tiefe des Kotbretts** (Peitz et al. 2012, S. 34).
- Eine **Höhe für die Stangen von 50 – 100 cm** gilt

als ideal (huehnerstall-guide.de).

Die Höhe der Stangen sollte einheitlich sein, um Machtkämpfe zu vermeiden und bei rechteckigen Stangen sollten zumindest die oberen beiden Kannten abgeschliffen werden, um Ballengeschwüren vorzubeugen.

DIE NESTER

Auch bei den Nestern gibt es bestimmte Maße, die eingehalten werden müssen, um den Hennen ein ungestörtes, nicht eingezwängtes Eierlegen zu ermöglichen. Dabei spielt es eine entscheidende Rolle welche Hühnerrasse die Nester nutzen soll. Grundsätzlich brauchen

	Breite	Tiefe	Höhe
Schwere Rassen ca.	30 cm x	35 cm x	40 cm
Leichte Rassen ca.	20 cm x	35 cm x	40 cm
Zwerghühner ca.	15 cm x	25 cm x	30 cm

(Peitz et al. 2012, S. 36).

Hierbei gibt es quasi unendliche Möglichkeiten, die Nester zu gestalten. Sie können selber gebaut oder extra gekauft werden, herausnehmbar oder fest im Stall integriert sein und eine Fallvorrichtung besitzen oder eben nicht. Eine Fallvorrichtung bewirkt, dass das gelegte Ei aus der Reichweite der Hühner kommt und in eine Art Schublade unter dem eigentlichen Nest fällt. Wie bereits oben erwähnt, können Hühner anfangen ihre eigenen Eier kaputtzumachen und mit einer Fallvorrichtung hat man die Möglichkeit, das Ei sofort aus der Reichweite der Henne zu bringen. So können Sie die Eier auch mal in etwas größeren Abständen einsammeln. Essentiell ist eine Fallvorrichtung allerdings nicht. Sollten Sie wollen, dass Ihre Hühner brüten, ist so eine Vorrichtung zudem kontraproduktiv, denn ohne Eier kein Brutverhalten.

Bei der Platzierung der Nester bietet sich natürlich an, diese möglichst weit an den Stallrand zu setzen, damit man nicht erst durch den ganzen Stall stiefeln muss, um die Eier zu sammeln. Im Falle eines Eigenbaus ist es sogar möglich, die Nester so zu platzieren, dass man gar nicht erst den Stall betreten muss, sondern von außen entweder die Schublade aufziehen oder eine Klappe zu den Nestern öffnen kann. Viele Fertigställe bedienen sich sogar dieses Konzeptes.

DIE HÜHNERLEITER

Bei größeren Höhenunterschieden sollten den Hühnern immer eine Hühnerleiter oder flache Stufen geboten werden. Hühnerleitern können entweder fertig gekauft oder aber selbst gebaut werden. Dafür benötigen Sie nur:

- ein entsprechend langes **Holzbrett mit ca. 30 - 40 cm Breite** und
- für die Leitersprossen **dünne Leisten, vielleicht 1 – 2 cm**, die so lang sein müssen wie das Holzbrett breit ist.

Die Sprossen sollten nun im Abstand von etwa 15 – 20 cm im rechten Winkel auf das Brett genagelt werden. Vorsicht vor herausschauenden Nägeln, die eine Verletzungsgefahr darstellen. Schauen Sie außerdem, dass die Hühnerleiter beim Auflegen nicht wieder wegrutscht. Die Leiter kann mit Nägeln direkt befestigt werden oder mit extra angebrachten Haken bzw. Scharnieren.

WÄNDE KALKEN

Um größtmögliche Hygiene im Stall zu erreichen, müssen die Wände noch mit Kalk verputzt werden. Zusätzlich zu der desinfizierenden Wirkung verstopft der Kalk Ritzen und glättet Unebenheiten, die zu einem höheren Milbenbefall führen könnten. Dabei sollten Sie folgendermaßen vorgehen:

1. Zuerst müssen Sie sich mit dem Löschkalk beschäftigen.
Im Handel gibt es sowohl schon fertig angemischten Löschkalk als auch ungelöschten Kalk. Welche Variante man nimmt, hängt von den persönlichen Vorlieben ab.
Wenn Sie sich für ungelöschten Kalk entscheiden, müssen Sie diesen noch mit Wasser vermengen. Dazu füllt man erst Wasser in einen Eimer und dann gibt man langsam den Kalk zu.
Vorsicht: Das Gemisch kann sich schnell erwärmen und wirkt stark reizend, schützen Sie sich also mit

Schutzbrille und gegebenenfalls anderen Utensilien! Danach muss die Mischung oftmals noch mehrere Stunden quellen.

2. Um die Haltbarkeit zu erhöhen, sollten die Wände vor dem Verputzen gewässert werden. Hierzu einfach mit einem Pinsel klares Wasser auf die Wände aufstreichen.

3. Direkt danach, wenn die Wände noch feucht vom Wasser sind, werden nach und nach mehrere Schichten Löschkalk aufgebracht. Je dicker der Löschkalk ist, desto weniger Anstriche brauchen Sie grundsätzlich. Achten Sie vor allem darauf, dass am Ende alle Unebenheiten bestmöglich verschwunden sind.

4. Den letzten Anstrich können Sie mit einem Becher Quark vermischen. Dies bewirkt, dass die Oberfläche härter und damit abwischbarer wird. Allerdings kann das auch eher zu Rissen führen, vor allem wenn der Anstrich mit Quark zu dick war.

Diesen Vorgang sollten Sie immer dann wiederholen, wenn die Kalkschicht abgerieben ist. Wann genau das der Fall sein wird, kann man nicht pauschalisieren, aber so etwa einmal im Jahr sollte ein grober Richtwert sein (Fröhlich 2020c).

Des Weiteren muss der Stall trocken sein und

somit entweder einen Betonboden haben oder mindestens 20 – 30 cm über dem Boden liegen. Oberflächen sollten möglichst glatt und gut zu säubern sein, Einrichtungsgegenstände deshalb am besten herausnehmbar. Ein wichtiger Hinweis: Vogelmilben setzen sich bevorzugt in Ritzen und andere Unebenheiten, vermeiden Sie diese also so weit wie möglich.

Der Auslauf

Um den neuen Gartenbewohnern ein schönes Hühnerleben zu bieten und um sie auch im Freien beobachten zu können, sollte den Hühnern ein Auslauf zur Verfügung stehen. Dabei sollten jedem Huhn rund 10 m² Fläche Minimum zur Verfügung stehen. Wie auch bei der Gestaltung des Stalls stehen hier ebenso zahlreiche Möglichkeiten zur Auswahl. Wichtig hierbei sind:

- Schattenplätze,
- ein Untergrund, der auch im Winter keiner Schlammgrube gleicht,
- Möglichkeiten für die Hühner, um zu scharren und zur Futtersuche und
- Plätze, die wind- und regengeschützt sind.

SCHATTENPLÄTZE, WIND- UND REGENSCHUTZ

Hühner sonnen sich sehr gerne, aber trotzdem sollte gerade im Sommer auch Schatten vorhanden sein. Um diesen zu schaffen, bietet sich z.B. das Anpflanzen von Büschen und Sträuchern an. Ist der Auslauf sehr groß, können natürlich auch Bäume gepflanzt werden. Achten Sie aber darauf, dass diese Pflanzen auch die Hühner überleben. Zu kleine Pflanzen sollten nicht im Auslauf stehen, da die gefräßigen Hühner aus ihnen ziemlich schnell klägliche Gerippe machen.

Als zweite Möglichkeit des Schattenspendens und gleichzeitig auch als Schutz gegen Regen erfüllt auch ein kleines Dach diese Funktion. Beispielsweise kann direkt über dem Aus- und Eingang des Stalls ein Vordach angebracht werden. Bei großen Flächen sind auch niedrige Bauten von etwa 1 m² beliebt, bei denen nur über vier, im Quadrat aufgestellten, Pfosten eine feste Plane gespannt ist. Ihre Höhe überschreitet kaum mehr als die eines Huhnes. Somit ermöglichen Sie den Hühnern die Flucht vor Sonne, Regen und auch Fressfeinden, wie verschiedenen Raubvögeln. Gegebenenfalls kann auch der ganze Auslauf überdacht werden.

Pflanzt man eine dichte Hecke am Rand des Geheges, schafft man damit einen Wind- und Sonnenschutz. Außerdem kann diese das Gehege optisch vom Nachbarn abtrennen und wertet den Anblick des Zauns auf.

PFLANZEN IM HÜHNERAUSLAUF

Alle Hühner freuen sich über Pflanzen im Gehege zum Naschen, als Schattenspender und gelegentlich auch, um in den Ästen größerer Pflanzen zu sitzen. Dabei ist die Auswahl dieser von Bedeutung.

Ideale Pflanzen für das Gehege sind: Nadelbäume, Brombeersträucher, Ebereschen, Schlehen, Kiefernartige (Koniferen), Holundersträucher,

Johannisbeersträucher und Himbeersträucher. Giftig sind dagegen Adlerfarn, Nachtschatten und Avocado.

Besser ist es, kleinere Pflanzen erst mal zu schützen, z.B. mit Hasendraht. Auch oberflächliches Wurzelwerk ist beim Scharren der Hühner gefährdet, Schaden zu erleiden und ist von daher schutzbedürftig. Dafür können Sie zum Beispiel direkt darüber Rasensteine oder Rasengitter legen.

Bei Rasenflächen ist ebenfalls Vorsicht geboten. Je kleiner der Auslauf ist, desto eher wird der ehemalige Rasen irgendwann nur noch ein staubiger Platz sein. Das liegt zum einen an dem fleißigen Gescharre der Hühnerschar und zum anderen an der scharfen Wirkung des nicht kompostierten Hühnerkots. Grundsätzlich ist es möglich, im Auslauf einen Rasen zu haben und Hühner freuen sich auch sehr darüber, aber dabei müssen einige Dinge beachtet werden. Wenn Sie einen großen Auslauf haben, können Sie die Möglichkeit schaffen, einen Teil der Wiese abzutrennen, sodass der Wiese eine Regenerationszeit gegeben werden kann. Bei kleineren Flächen können Sie Rasengitter legen, dann schauen die Grashalme noch heraus, aber die Hühner können nicht mehr die Wurzeln angreifen (Fröhlich 2020a). Obwohl er möglich wäre, ist der Rasen kein Muss und es stehen ansonsten noch andere Untergründe zur Auswahl.

UNTERGRUND DES AUSLAUFS

Wählt man als Untergrund kein Gras, muss man darauf achten, dass die größtenteils nicht bewachsene Fläche im Winter nicht eine einzige Schlammgrube wird. Diese Gefahr besteht selbst bei Rasenflächen. Deswegen sollte der Auslauf nicht gerade in einer Senke liegen. Außerdem müssen Sie sich Gedanken über den Bodenbelag machen. Damit das Wasser gut abfließen kann, empfiehlt sich eine ca. 15 cm tiefe Schicht aus trockenem Sand und/oder unbehandeltem Mulch (Graham 2008). Der Mulch hat außerdem den Vorteil, dass sich darin oftmals Insekten tummeln, auf die die Hühner sofort Jagd machen.

Eine sehr gute Lösung ist es, unter dieser Schicht Rasensteine oder -gitter auszulegen. Dadurch können Sie die aufliegende Schicht etwas dünner gestalten, das Wasser kann ungehindert abfließen und Räuber wie Ratten können schwerer Tunnel in den

Auslauf graben.

Damit der Auslauf einen einigermaßen angenehmen Geruch behält und nicht zu vielen Schädlingen Unterschlupf bietet, tauschen Sie den oberen Untergrund regelmäßig, z.B. jedes Frühjahr, aus. Die daraus entstehende Mischung, aus Hühnermist, Mulch, Sand und eventuell Erde, lässt sich wunderbar als Dünger weiterverarbeiten.

SCHARRMÖGLICHKEITEN

Eine der Lieblingsbeschäftigungen der Hühner ist das Scharren und Sonnen. Um es ihnen zu ermöglichen, kann ein kleines Sandbad geschaffen werden. Da das Sandbaden nicht zuletzt der Federpflege dient und gegen Schädlinge wirkt, erfüllt es auch einen praktischen Nutzen.

Der Sand darin sollte schon ca. 20 – 30 cm tief sein, damit sich die Hühner kleine Kuhlen buddeln können. Zwar bietet es sich an, dass Sandbad an einer sonnigen Stelle zu errichten, aber überdacht sollte es trotzdem sein, um das Sandbad nicht in ein Schlammbad zu verwandeln. Eine eventuelle Lösung ist die Überdachung des Sandbades, zumindest teilweise, mit Plexiglas, weil hier die Sonne durchscheinen kann.

In das Bad muss nicht zwingend extra Vogelsand gefüllt werden, besonders da die Menge an benötigtem Sand schnell teuer werden kann. Genauso gut können Sie normalen Spielsand einfüllen und Muschelkalk, wobei Sie bestenfalls auch ein Pulver gegen Milben untermischen können. Der Kalk ist wichtig für die Hühner, damit die Eierschalen auf Dauer fest und dick genug sind. Bei Hühnern, die nie an Kalk kommen, wird die Eierschale oft brüchig und die Eier zerbrechen bereits beim Legen.

Denkbar ist ebenso der Aufbau einer Kompostlege. Diese kann mit Küchenabfällen gefüllt werden, denn in der Küche fällt kaum etwas an, was die Hühner nicht fressen würden. Sogar Fisch- und Fleischreste stehen ganz oben auf der Liste ihrer Lieblingsgerichte. Selbstverständlich können die Abfälle auch einfach so ins Gehege geschmissen werden, Reste sollten dann aber auch regelmäßig wieder aufgesammelt werden.

UMZÄUNUNG DES AUSLAUFS

Zur Umzäunung des Auslaufs muss kein besonderer Zaun zum Einsatz kommen, es reicht einfach ein paar Pfosten in den Boden zu buddeln und daran Hasendraht zu befestigen. Wichtig ist nur, dass der Zaun Räuber und Fressfeinde draußen hält und hoch genug ist, dass die Hühner nicht darüber kommen.

Damit Tiere draußen gehalten werden, sollte der Zaun auf jeden Fall genau mit dem Boden abschließen. Dafür kann der Hasendraht z.B. 30 – 40 cm eingegraben werden, so erschwert man Füchsen, Mardern und Ratten das Tunnelgraben. Genauso gut kann beim Draht unten ein Überschuss von 30 – 40 cm gelassen werden, den man dann umknicken und mit Steinen oder Holzlatten beschweren kann. Hat man vor, als Untergrund Rasensteine oder -gitter zu nutzen, kann man den Draht darunter festklemmen.

Als Zaunhöhe sollte man an die 2 m einplanen. Einige Hühner können nicht richtig fliegen, aber allemal gut flattern und andere Rassen wiederum können durchaus auch mal höher fliegen. Generell ist es aber aus mehreren Gründen empfehlenswert, den Auslauf entweder zu überdachen oder ein Netz darüber zu spannen. Wie bereits erwähnt, bietet ein Dach beispielsweise Schutz vor Sonne, Wind und Regen. Außerdem verringert ein Schutz nach oben die Ausbruchsgefahr und die Gefahr, dass Raubvögel gerade kleinere Hühner fangen und mitnehmen. Wenn Sie vorhaben, Zwerghühner, Junghühner oder Küken im Auslauf zu haben, ist zumindest ein Netz als Schutz unumgänglich.

Zwei Stallkonzepte

KONZEPT 1: EIN VORHANDENES GEBÄUDE NUTZEN

Haben Sie einen Schuppen, eine ungenutzte Gartenhütte, einen alten Stall oder etwas Ähnliches im Garten? Vielleicht können Sie sich so den teuren Bau eines neuen Stalls sparen, indem Sie einfach ein vorhandenes Gebäude nutzen. Wichtig ist dabei zuallererst nur, ob es darin trocken ist und ob es daneben Platz für einen Auslauf gibt. Von Vorteil wäre es, wenn dieses Gebäude auch einen Stromanschluss, eine Öffnung Richtung potentiellen Auslaufs und Nähe zu einem Wasseranschluss hat. Ist dies nicht der Fall, ist ein Stall aber trotzdem zu ermöglichen.

▪ Problem I: Das Gebäude soll auch noch für etwas anderes genutzt werden.

Haben Sie z.B. einen großen Schuppen, in dem auch noch Gartengeräte stehen, können Sie einfach einen entsprechend großen Teil für den Hühnerstall abtrennen. Dafür eignet sich entweder ein Maschendrahtzaun oder Sie mauern kurzerhand, beispielsweise mit Ytong-Steinen, den Stall zu und lassen nur für die Tür eine Lücke.

Wenn Sie Draht nutzen, beachten Sie bitte, dass dadurch die Einstreu des Stalls nach draußen quellen kann. Das können Sie umgehen, indem Sie entweder auch eine kleine Mauer bauen oder eine Plexiglasscheibe oder Ähnliches am Zaun befestigen.

Wenn Sie eine Mauer bauen wollen, bieten sich dafür Ytong-Steine an, weil diese auch für Laien gut zu bearbeiten sind. Sie sind leicht und lassen sich einfach durchsägen. Natürlich können Sie aber auch etwas anderes zum Mauern verwenden. Ist Ihnen Ihr Bauwerk dann doch etwas zu „roh", können Sie selbstverständlich Ihr Glück mit dem Verputzen versuchen. Schlussendlich muss der Hühnerstall noch mit Kalk verputzt werden.

Eine Tür können Sie ganz einfach aus vier Dachlatten

machen, auf die Sie Hasendraht spannen und an Scharnieren befestigen. Einen Riegel zum sicheren Verschließen sollten Sie ebenfalls einplanen.

- **Problem II: Es gibt keine mögliche Tür nach draußen.**

Wenn Sie aus Ihrer Gartenhütte teilweise einen Stall machen wollen, können Sie schnell vor dem Problem stehen, dass für die Hühner einfach keine Tür zur Verfügung steht, durch die sie direkt in den Auslauf kommen können.

In diesem Fall kann man möglicherweise einfach ein Fenster als Ausgang nutzen. Mit einer beidseitigen Hühnerleiter und vielleicht einem Brett auf Höhe des Fensters ist schnell und einfach ein Ausgang geschaffen. Im Zweifelsfall ist es natürlich auch eine Option, einen Durchbruch nach außen zu machen, dies bedeutet aber auch viel mehr Zeit und Aufwand.

KONZEPT 2: EIN KOMPLETT NEUER STALL

Ein vorhandenes Gebäude nutzen zu können, ist zwar sehr praktisch, doch bei einem neuen Stall können Sie sich bei der Gestaltung frei ausleben. Sie können einen Stall mauern und einen Betonboden gießen, Sie können auf den gleichen Boden auch eine Holzhütte stellen oder Sie bauen ein kleines Stelzenhaus. Ihrer Phantasie sind dabei keine Grenzen gesetzt. Bedenken Sie bei der Neuplanung, dass Sie die Nester bestenfalls an den Rand setzen und bei kleineren Ställen unproblematisch ausmisten können. Genauso gut ist es denkbar, dass Sie einen fertigen Stall kaufen und sowohl die Nester als auch die Stangenplanung gleich abgenommen bekommen. Wichtig ist aber vor allem eines: ein trockener, warmer und sicherer Stall.

SONDERFORM: MOBILER HÜHNERSTALL

In den letzten Jahren gab es vermehrt einen Trend zum mobilen Hühnerstall. Das Prinzip dahinter ist, ein Hühnerstall auf Rädern mit mobil aufstellbarem Auslauf, der regelmäßig von Wiese zu Wiese gefahren werden kann. Viele Landwirte respektive Wiesenbesitzer verpachten ihr Land dazu gerne, weil die Hühner den Rasen kurzhalten. Nicht wenige stellen ihr Land dafür auch kostenlos zur Verfügung. Genauso gut können Sie den mobilen Hühnerstall aber auch auf Ihrem eigenen großen Grundstück nutzen. Dabei orientieren Sie sich am Prinzip der Wechselweide, das heißt, dass Sie die Hühner immer nur auf 1/3 des Grundstücks weiden lassen und alle 2 – 4 Wochen die Parzelle ändern.

Als Stall hält dabei oft ein großer Anhänger oder eine eigens dafür entworfene Konstruktion her. Unter Umständen muss der Hänger aber eine Straßenzulassung haben, wenn man damit nicht nur auf Privatgrundstücken und Feldwegen fahren will. Der Auslauf besteht aus einem engmaschigen Zaun, dessen Pfosten schnell in die Erde gesteckt werden können. Da ein Überspannnetz in diesem Zusammenhang schwer zu ermöglichen ist, stehen den Hühnern auf offenem Gelände viele kleine Unterstandsmöglichkeiten zur Verfügung. Ist die Zeit auf dieser Wiese abgelaufen, können die Hühner wieder in den Anhänger-Stall gesperrt werden und auf geht's zum nächsten Grundstück.

Für Sie hat die Fremdgrundstücksnutzung vor allem den Vorteil, dass Sie selbst kein großes Grundstück benötigen. Generell, egal für welche der beiden mobilen Methoden man sich nun entscheidet, hat der Wechsel der Weidefläche aber auch viele andere Vorteile: Zum einen schont der Wechsel die Grasnarbe, da die Hühner nicht genug Zeit haben, diese zu zerstören und anschließend ist ihr Regenerationszeit gegeben. Zum anderen steht den Hühnern immer frisches Gras zur Verfügung, bei einer dauerhaften Nutzung ist das Gras irgendwann nur noch abgefressen. Außerdem verringert dieses Prinzip das Risiko, dass sich dauerhaft Parasiten ansiedeln. Nicht unwichtig ist zuletzt, dass Hühner auf dem Feld deutlich weniger Konfliktpotential bieten als Hühner in der Stadt oder im Ort. Hier wird sich sicher kein Nachbar über das Krähen Ihres Hahns beschweren.

Alles in allem ist die Verlegung des Hühnerstalls aber ebenso mit einem gewissen Aufwand verbunden, gegebenenfalls auch mit einem relativ hohen organisatorischen Aufwand. Bei der Benutzung von fremden Wiesen ist es deutlich einfacher, wenn man selbst in einer ländlichen Gegend wohnt. Dass man dabei wahrscheinlich immer einen Anfahrtsweg hat, um die Hühner versorgen zu können, sollte man ebenfalls bedenken.

Welches Zubehör brauche ich?

Der Hühnerstall steht und sieht noch relativ leer aus. Klar, die Hühner fehlen, doch es stellt sich auch die Frage, was Sie noch alles an Zubehör anschaffen sollten. Dabei sind ein innenliegendes Sandbad und ein Behälter für Grit und Muschelkalk eher optional, während anderes unverzichtbar ist.

EINSTREUMATERIAL

Dass Sie Einstreumaterial brauchen, steht schon einmal außer Frage. Was Sie dafür nehmen ist im Großen und Ganzen Ihnen überlassen. Am meisten bietet sich natürlich etwas an, auf das Sie leicht Zugriff haben. Ein weiterer Entscheidungsfaktor kann das Saugvermögen (je 100 kg) der einzelnen Materialien sein, welches im Überblick so aussieht:

- Hobelspäne   145 g
- Sägespäne   152 g
- Weizenstroh   257 g
- Roggenstroh   265 g
- Haferstroh   275 g
- Torfmull   404 g

Wie Sie sich auch entscheiden, in die Nester sollten Sie eher ein weiches Material legen, z.B. Hobelspäne oder Strohhäcksel (Peitz et al. 2012). Manche Fertignester haben aufgrund der Fallvorrichtung ein Stück Kunstrasen mit einem Loch in der Mitte als „Nistmaterial", für einen Eigenbau wäre auch so etwas denkbar.

FUTTERTROG UND TRÄNKE

Rein theoretisch reichen als Behälter für Futter und Wasser auch einfache Zink- oder Tonschüsseln. Da diese aber nicht zwangsläufig billiger, aber schwerer sauber zu halten sind, sollte man lieber auf bewährte Systeme zurückgreifen. Nimmt man nämlich einfache Schüsseln, sind Futter und Wasser schnell verdreckt und man kann den Inhalt ständig wegkippen oder nur kleine Mengen einfüllen. Der Grund dafür ist, dass sich Hühner in alles setzen und so das Einstreumaterial und alles mit Kot verdreckt wird.

Als Tränke bietet sich deswegen eine handelsübliche Konstruktion in Form einer Glocke an. Dabei bleibt nur ein schmaler Ring um die Glocke frei, aus dem die Hühner trinken können. Unter dem Begriff „Geflügeltränke" können Sie beim entsprechenden Händler die passende erwerben. Die meisten dieser Tränken haben eine Aufhängevorrichtung, die man auch nutzen sollte, wenn man die Tränke so selten wie möglich reinigen will. Dazu können Sie einfach einen Haken an der Decke befestigen und eine Kette dranhängen. Mit einem Karabiner am Kettenende können Sie die Tränke dann flexibel an- und abhängen.

Auch geeignete Futtertröge für Hühner gibt es in den meisten Petshops. Alternativ können Sie auch Futterautomaten für nur einen geringfügig höheren Preis erwerben. Bei Jungtieren oder sogar Küken sollte man allerdings darauf achten, dass der Trog niedrig genug ist bzw. ihnen das Futter in einer Tonschale, wie z.B. einem Blumentopfuntersetzer, hinstellen. Bei größeren Hühnern muss beachtet werden, dass der Gitterabstand bei den Trögen nicht zu klein ist und das Huhn nicht mit dem Kopf hängen bleibt. Vor allem bei einer größeren Hühnerschar lohnt es sich, zwei oder mehr Futtertröge hinzustellen, damit auch rangschwächere Hühner genug Futter abbekommen und keine Kämpfe entstehen. Bestenfalls steht für jedes Huhn ein Futterplatz zur Verfügung.

Zusätzlich kann auch eine Grünfutterraufe angeschafft werden und ein Heunetz, das erleichtert die Sauberhaltung des Stalls. Genauso können Sie die Hühner nur draußen mit Grünfutter bzw. Kompost füttern und das Heu auf einen Haufen in den Stall legen. Wenn Sie nicht zu viel Heu auf einmal anbieten, werden die Hühner es wahrscheinlich so schnell wegfressen, dass nur ein geringer Anteil zurückbleibt.

Für die Lagerung des Futters wird ein dicht verschließbarer Behälter benötigt. Offen umherstehendes Futter lockt zusätzlich Schädlinge an und darf nicht mehr verwendet werden, nachdem diese sich bedient haben. Zudem sollte das Futter nicht nass werden, da es dann anfangen kann sauer zu werden und zu schimmeln.

FÜR WÄRME SORGEN

Nicht nur im Winter ist es kalt, oft gibt es auch im Frühling und Herbst Frost. Bei der Frage, ob bei Minusgraden nachts eine Wärmelampe an sein muss, gibt es verschiedene Meinungen. Verständlicherweise kann der erste Impuls sein, es den Hühnern so warm und gemütlich zu machen wie man es im Winter selbst gerne hat. Man sollte allerdings bedenken, dass Hühner ein dichtes Federkleid besitzen und außerdem beim Gang in den Auslauf keinen Schock bekommen sollen, wenn es plötzlich – 10 °C sind. Ist Ihr Stall also isoliert und bleibt die Temperatur dort über 0 Grad, dürften ausgewachsene Hühner ohne

Wärmelampe klarkommen. Es ist aber grundsätzlich nichts dagegen einzuwenden, den Hühnern einen 100 – 150 Watt Dunkelstrahler rein zu hängen. Man kann auch eine normale Wärmelampe nehmen, für die Hühner ist es mit Sicherheit aber angenehmer, wenn es nachts dunkel ist. Andererseits sind Dunkelstrahler auch rund doppelt so teuer wie Infrarotlampen, verbrauchen dafür aber weniger Strom. Letztendlich bleibt es Ihnen überlassen für welche Lampe Sie sich entscheiden. Achten Sie in beiden Fällen darauf, dass der Strahler hoch genug hängt und sich keines der Hühner verbrennen kann. Damit nicht jeden Tag das Licht pünktlich, z.B. bei Sonnenuntergang und Sonnenaufgang, an- und ausgemacht werden muss, empfiehlt sich eine Zeitschaltuhr.

Bei Küken ohne Muttertier, Jungtieren und kranken Hühnern sollte auf jeden Fall, auch ohne Minusgrade, eine Lampe zur Verfügung stehen. Auch hier haben Sie die Wahl zwischen einem Dunkelstrahler und einer Infrarotlampe. Der Dunkelstrahler hat den Vorteil, die Warmhaltung der Mutterhenne besser nachzuahmen, da es unter ihren Flügeln auch dunkel ist. Speziell für Küken gibt es außerdem noch Wärmeplatten, die als Alternative zur

Lampe genutzt werden können.

Ein weiteres Problem im Winter kann sein, dass das Wasser im Auslauf einfriert. Dafür gibt es ebenfalls Wärmeplatten, die unter die Tränke gestellt werden und das Wasser warmhalten.

Futter

Sie haben sich nun für Hühner entschieden und der Stall steht bereit für den Einzug. Doch zuerst sollten Sie sich Gedanken über das Futter machen. Es ist dabei empfehlenswert, nur im Stall zu füttern, damit das Futter nicht nass wird, es besser vor anderen Interessenten wie Ratten geschützt ist und damit die Hühner immer zuverlässig in den Stall zurückkehren.

HAUPTNAHRUNG

Hauptsächlich sollte den Hühnern Mischfutter angeboten werden. Dafür gibt es im Handel viele verschiedene Optionen. Welches Futter Sie brauchen hängt davon ab, was für Hühner Sie haben und welchen Alters. Es gibt:

• Futtermischungen für Küken, die bis zu einem Alter von 5 – 6 Wochen gegeben werden,
• Futtermischungen für Junghennen, die bis zu einem Alter von ca. 18 Wochen gegeben werden bzw. bis die Hennen legen,
• Futtermischungen für Legehennen und
• Glucken- und Mastfutter für Hühner, die geschlachtet werden sollen.

Das Kükenfutter kann auch nicht einfach durch anderes Mischfutter oder Pellets ersetzt werden, da es fein gemahlen und proteinreich sein muss. Bei Junghennen dagegen darf das Futter nicht mehr so viel Protein enthalten und Überfütterung muss in jedem Fall vermieden werden, weil sonst Probleme beim Eierlegen drohen (Graham 2008).

Preiswerter ist allerdings selbst angemischtes Futter und viele schwören auch darauf, dass es besser für die Hühner ist. Eine mögliche Mischung für 2,3 kg Legehennenfutter sind 2000 g Legemehl, 100 g Hafer (alternativ Weizen) und 200 g Geflügelfutter. Das reicht für ca. acht bis zehn Fütterungen einer Henne.

Das Legehennenmehl kann ebenfalls von Grund auf selbst hergestellt werden, bedeutet aber nochmal deutlich mehr Arbeitsaufwand. Die Bestandteile sollten sein: Gersten-, Hafer- und Maisschrot, Weizenkleie, Ackerbohnen- und Erbsenschrot. Dazu sollten dann noch 20 – 30 % tierisches Eiweiß kommen in Form von Milch, Quark, Molke, Trockenhefe sowie gemahlene Mehlwürmer (Unterweger und Unterweger 2010, S. 56).

Je größer die Mengen sind, die Sie im Fachhandel kaufen, desto billiger wird meist auch Ihr Futter. Allerdings sollte man selbst angemischtes Futter nicht zu lange lagern (Fröhlich 2020b).

Dabei braucht eine Legehenne ca. 110 und 130 g Futter am Tag, um nicht zu verfetten. Die Futtergefäße sollten trotzdem immer gefüllt sein, weil die meisten Rassen nicht über den Hunger fressen. Bei einigen Rassen muss man allerdings darauf achten, dass sie nicht zu viel Gewicht zulegen und eventuell auch mal das Futter nach dem Fressen wegnehmen. Wasser sollte wie bei jedem Tier uneingeschränkt zur Verfügung stehen.

Idealerweise sollte die Nährstoffverteilung des Mischfutters folgendermaßen aussehen:

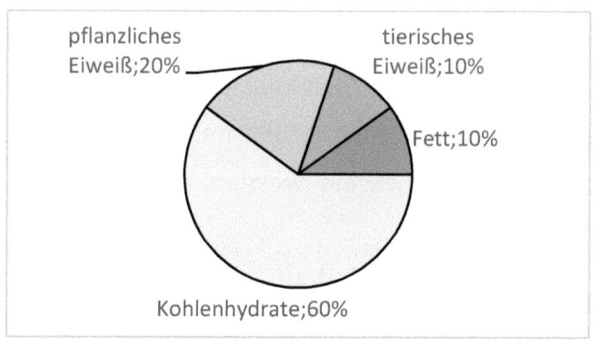

ZUSATZNAHRUNG

Eine sehr wichtige Rolle spielen allerdings auch Mineralstoffe, Vitamine und Spurenelemente sowie Mühlennachprodukte wie Kleie. Frisches Grünfutter, Küchenabfälle, Muschelkalk und eventuell Mineralstoffzusätze, wenn nicht im Futter enthalten, müssen von daher fast täglich zugefüttert werden.

Desgleichen kann Heu ab und zu angeboten werden. Hühner freuen sich zudem riesig über Mehlwürmer. Was für Hunde Leckerlis sind, sind für Hühner Mehlwürmer. Wem es zu eklig ist, sich in der Zoohandlung lebende Mehlwürmer zu kaufen, kann die Tiere getrocknet im Fachhandel erwerben. Hiervon aber nicht zu viel geben, da Mehlwürmer sehr eiweiß- und fetthaltig sind. Selbst Fleischreste werden von den Hühnern gerne vertilgt, es sollten nur keine zu großen Stücke sein. Angeknackte Nüsse können für Hühner ebenfalls eine willkommene Abwechslung sein und Brennnesseln werden auch gerne angenommen.

Hühner haben zudem das Problem, dass die Nahrung im Magen noch nicht ausreichend zerkleinert ist, sondern durch etwas Scharfkantiges im Magen noch weiter zerkleinert werden muss. Dazu gehören Kalksteinbruch und Grit, also kleine Kiesel- und Quarzsteinchen, wie auch Holzkohle. Eine gute Möglichkeit Grit anzubieten ist nicht durch das Einmischen ins Futter, sondern er kann bestenfalls im Auslauf verstreut werden und sollte regelmäßig, z.B. bei der Säuberung, nachgegeben werden.

Küken freuen sich außerdem über gekochte und

dann zerkleinerte Eier, geriebene Möhren, Haferflocken, zerkleinerten Salat, Sojabohnen und Brennnesseln. Das Wichtigste bei ihrer Ernährung sind genug Proteine und dass die Nahrung gut zerkleinert ist (Fröhlich 2020b).

Welche Hühnerrasse passt zu mir?

Die nächste Entscheidung, die getroffen werden muss, ist, welche Hühnerrasse jetzt in den neuen Stall einziehen darf. Dabei spielt es eine Rolle, ob Sie auf das Eierlegen, das Huhn als Fleischlieferant oder eine Mischung aus beidem Wert legen.

Auch bei den verschiedenen Erscheinungsformen sind die Möglichkeiten beinahe unbegrenzt und viel größer als den meisten Laien bewusst ist. Zwerghühner, Zierhühner, Kampfhühner, Hühner, die schon seit Jahrhunderten unsere Vorfahren begleitet haben und viele mehr umfassen das Spektrum der Hühnerzucht. Wussten Sie zum Beispiel, dass es Grünleger gibt? Unglaublich, aber wahr: Diese Hühner legen unverkennbar grüne Eier, bescheren einem also jeden Tag ein Osterfest.

Eine weitere Unterteilung stellen die Hybridhühner dar, die sich nicht weiter vermehren können und ausschließlich für eine gute Legeleistung oder als Lieferant für viel Fleisch gezüchtet werden. Eine Züchtung findet meist durch große Brutkonzerne statt, die bereits optimierte Rassen kreuzen, kleinere Betriebe können sich das Verfahren nicht leisten. Aufgrund der hohen Legeleistung sind diese Hühner aber bereits nach 1 – 2 Jahren ausgezehrt und werden dann in der Regel geschlachtet und teilweise dann sogar weggeschmissen. Suppenhühner werden aus den allerwenigsten. Bei Hybridhühnern, die für den Fleischkonsum gezüchtet werden, wird das Gewicht der Brust oft zu so einem großen Problem, dass die Junghühner nach wenigen Wochen kaum noch laufen können. Ob man dieses Konzept unterstützen will, muss am Ende jeder selber wissen, aber letztendlich muss man sich vor Augen halten, dass so eine hohe Legeleistung, die Unbeweglichkeit und die Zeugungsunfähigkeit widernatürlich sind und dem Huhn nicht guttun. Von diesem Konzept profitieren außerdem nur große Unternehmen wie der Erich-Wesjohann-Konzern und die Lohmann Tierzucht AG (PROVIEH e.V. 2010).

Insgesamt sind in Europa knapp 200 Hühnerrassen aufgelistet. Da es sich dabei aber nur um Europa und gelistete Rassen handelt, liegt die Anzahl der Hühnerrassen weltweit bei ca. 500. Durch die Züchtungen von kleinen Hühnerzüchtern ist es aber sehr schwer einzuschätzen, wie viele es tatsächlich gibt, sicher ist nur, dass es viele Hühnerrassen gibt und nicht nur „das Haushuhn" (Schäufele).

Im Folgenden sollen ein paar Rassen vorgestellt werden, um Ihnen einen Überblick zu verschaffen.

ZWERGHÜHNER

Zwerghühner sind die kleine Version der normal großen Rassen, auch „verzwergte" Hühnerrassen genannt. Dabei handelt es sich um vom Menschen beeinflusste Züchtungen und Kreuzungen. Sie werden Zwerghühner genannt, sobald sie höchstens ein Viertel des Gewichts der Elternrasse erreichen.

Echte Zwerghühner, auch als „Urzwerge" bezeichnet, sind dagegen nicht die Miniversion der normal großen, sondern eine natürlich entstandene eigene Rasse.

Zwerghühner haben den Vorteil, dass sie weniger Platz benötigen als ihre größeren Verwandten. Trotz ihrer Größe kommen einige Rassen auf bis zu 180 Eier im Jahr. Diese sind natürlich kleiner als handelsübliche Eier, unterscheiden sich aber ansonsten nicht von ihnen. Für den Fleischkonsum sind Zwerghühner allerdings nur geringfügig geeignet, da sie wenig Fleisch ansetzen und sowieso schon recht klein sind. Dafür sind Zwerghühner vor allem auch wegen ihrer Optik und ihres Verhaltens beliebt. Sie sind nicht nur niedlich, sondern werden auch schnell zutraulich. Dazu gibt es noch einige

Zwerghuhnrassen mit interessanten Färbungen und Mustern (Lange).

ZWERG-WYANDOTTEN - DAS KLEINE ANFÄNGERHUHN

Farbe	viele, einige Farbschläge mit andersfarbig umsäumten Federn, auch gebändert, gesperbert, gescheckt, gestreift, Hals andersfarbig usw.
Herkunft	USA; der Name ist von dem nordamerikanischen Indianerstamm der Huronen abgeleitet
Legeleistung im Jahr	bis zu 160 Eier
Eiergewicht	ca. 40 g
Eierfarbe	hellbraun bis cremefarben
Gewicht	**Henne:** 1100 g **Hahn:** 1300 g

Eigenschaften:

Zwerg-Wyandotten sind robust und nicht kälteempfindlich dank ihres dichten Gefieders. Auch an ihr Futter stellen sie keine großen Anforderungen. Zudem brüten die kleinen Hühner sehr gerne, sind generell eher ruhig und zutraulich und fliegen weder gerne noch gut. Die gute Legeleistung von 160 Eiern im Jahr kann allerdings abweichen, da die Anzahl der Eier von dem Farbschlag der jeweiligen Henne abhängt.

Alles in allem ist die Zwerg-Wyandotte jedoch eine gute Wahl für Anfänger, welche auch eine sehr große Farbpalette bietet (Fröhlich 2020e).

ZWERG-NEW HAMPSHIRE - DAS FAMILIENHUHN

Farbe	weiß, goldbraun	
Her-kunft	die Großform kommt aus New Hampshire, USA; die Verzwergung gelang erstmals in Deutschland	
Legeleistung im Jahr	bis zu 160 Eier	
Eiergewicht	ca. 40 g	
Eierfarbe	braun	
Gewicht	**Henne:** 1000 g	**Hahn:** 1100 g

Eigenschaften:

Genau wie die Zwerg-Wyandotten sind die Zwerg-New Hampshire unkomplizierte, wetterfeste Hühner. Ihre Legeleistung von ca. 160 Eiern im Jahr ist beachtlich und reicht für den Eigengebrauch, besonders bei mehreren Tieren, auf alle Fälle aus. Wie viele Zwerghühner werden auch sie schnell zutraulich und zahm. Brüten tun sie aber eher weniger stark (Fröhlich 2020f).

ZWERG-BARNEVELDER - DAS KLEINE HUHN FÜR SIE ALS SELBSTVERSORGER

Farbe	dunkelbraun, schwarz, weiß, blau-doppeltgesäumt, silber-doppeltgesäumt, doppeltgesäumt, kennfarbig
Herkunft	Die ersten ihrer Art wurden von einem niederländischen Züchter vorgestellt, aber auch Deutschland zählt zu den Herkunftsländern.
Legeleistung im Jahr	bis zu 150 Eier
Eiergewicht	ca. 40 g
Eierfarbe	hellbraun
Gewicht	**Henne:** 1000 g **Hahn:** 1200 g

Eigenschaften:

Zwerg-Barnevelder gelten als neugierig, freundlich, zutraulich und friedlich. Ihr Gefieder schützt sie vor Kälte und macht die kleinen Hühner zu robusten Tieren. Eine Flugfähigkeit ist nur sehr geringfügig vorhanden. Da diese Rasse im Gegensatz zu anderen Zwerghuhnrassen relativ schwer ist, lohnt es sich durchaus, die Hähne auch mal zum Fleischverzehr zu nutzen (Fröhlich 2020d).

SEIDENHUHN - DAS EXOTISCHE KUSCHELHUHN

Farbe	schwarz, blau, perlgrau, gelb, wildfarbig, silber-wildfarbig
Herkunft	Asien, möglicherweise China; bereits von Marco Polo im 13. Jahrhundert erwähnt
Legeleistung im Jahr	bis zu 80 Eier
Eiergewicht	ca. 30 g
Eierfarbe	weiß, cremefarbig
Gewicht	Henne: 500 g Hahn: 600 g

Eigenschaften:

Seidenhühner stechen unter allen anderen Hühnern durch ihr langes, flauschiges, kaninchenfellartiges Gefieder heraus. Der Anblick wird durch eine kleine Federhaube auf dem Kopf komplettiert. Doch trotz ihres zarten Aussehens sind Seidenhühner äußerst robust, genügsam und vor allem zutraulich. Sie sehen damit nicht nur kuschelig aus, sondern wenn sie Vertrauen gefasst haben, lassen sie sich auch gerne das fellartige Gefieder streicheln. Das Gefieder finden aber nicht nur Menschen toll, sondern auch Milben und andere Parasiten. Um die kleinen Urzwerge bei ihrer Fellpflege zu unterstützen, ist ein Entmilben und regelmäßiges Desinfizieren des Stalls unverzichtbar.

Noch eine Besonderheit verstecken die Seidenhühner unter ihrem Federkleid, nämlich ihre schwarze Haut. Die Farbe erstreckt sich bis auf die Organe, die auch alle schwarz gefärbt sind.

Obwohl Seidenhühner sehr soziale Tiere sind, muss man vorsichtig sein mit ihrer Vergesellschaftung hinsichtlich der anderen Rassen (Graham 2008, S. 130 f.).

ZWERG-WELSUMER - DAS KLEINE LEGEWUNDER

Farbe	blau-rost-rebhuhnfarbig, orangefarbig, rost-rebhuhnfarbig, silberfarbig
Herkunft	Deutschland
Legeleistung im Jahr	bis zu 180 Eier
Eiergewicht	ca. 47 g
Eierfarbe	dunkelbraun
Gewicht	**Henne:** 1000 g **Hahn:** 1300 g

Eigenschaften:

Zwerg-Welsumer sind ähnlich wie Zwerg-Barnevelder gute Hühnerrassen für Selbstversorger, da sie eine hohe Legeleistung erbringen und die Hähne vergleichsweise viel wiegen. Außerdem sind auch sie durch ihre Robustheit gut für Anfänger geeignet. Die kleinen Alleskönner sind gut mit anderen Rassen zu vergesellschaften, legen aber nicht so viel Wert auf menschliche Aufmerksamkeit. Sie sind zwar nicht besonders schreckhaft, aber auch nicht besonders zutraulich (Fröhlich 2020g).

ZWERG-COCHIN - DIE „FEDERBÄLLE"

Farbe	viele; auch gebändert, kennfarbig, gesperbert, andersfarbiger Hals usw.
Herkunft	China
Legeleistung im Jahr	bis zu 80 Eier
Eiergewicht	ca. 35 g
Eierfarbe	braun
Gewicht	**Henne:** 750 g **Hahn:** 850 g

Eigenschaften:

Zwerg-Cochin sind Urzwerge, deren Legeleistung

nicht sehr hoch ist. Die glatten oder gelockten Hühner bestechen vor allem durch ihre ruhige, gemütliche und liebenswerte Art. Wegen des Fliegens muss man sich bei diesen Hühnern keine Sorgen machen, denn das können die rundlichen, weich geformten Tiere nicht gut. Besonders fällt auch auf, dass die Zwerg-Cochins Federn an den Füßen haben, von daher sollte der Untergrund des Auslaufs nicht zu feucht sein. Ihr dichtes Gefieder schützt sie dafür auch gut vor Kälte (Lange).

SEBRIGHT - DER AUSSTELLUNGSLIEBLING

Farbe	gold-gesäumt, silberfarbig-gesäumt
Herkunft	um 1810 England
Legeleistung im Jahr	bis zu 80 Eier
Eiergewicht	30 g
Eierfarbe	weiß
Gewicht	**Henne:** 510 g **Hahn:** 620 g

Eigenschaften:

Das Sebright Zwerghuhn wurde zunächst nur wegen seiner außergewöhnlichen Färbung gezüchtet und hat sich aufgrund dessen einen Platz auf vielen Hühnerschauen gesichert. Die Haltung der fröhlichen und neugierigen ausgewachsenen Hühner ist unkompliziert, mehr Probleme bereitet die Kükenaufzucht. Angefangen mit der schlechten Fruchtbarkeit über das geringe Brutverhalten bis hin zur hohen Kükensterblichkeit ist das keine Aufgabe für Anfänger.

Zudem brauchen Sebrights einen hohen Zaun, da ihre Flugfähigkeit ausgezeichnet ist und sie sich schlecht mit anderen Rassen vergesellschaften lassen (Advanco GmbH 2019).

OHIKI -DER LANGSCHWANZZWERG

Farbe	goldhalsig, silberhalsig
Herkunft	Südjapan, ursprünglicher Name: Minohiki-Chabo
Legeleistung im Jahr	bis zu 110 Eier
Eiergewicht	ca. 30 g
Eierfarbe	hellbraun
Gewicht	Henne: Hahn: 900 g 750 g

Eigenschaften:

Ihren Namen haben die Ohikis dank der langen Schwänze der Hähne, da Oki so viel wie „Schwanzschlepper" bedeutet. Die Langschwanzzwerge gelten als zahm und zutraulich und lassen sich gerne über ihr weiches Gefieder streicheln. Trotz ihres attraktiven Aussehens und ihres ruhigen Charakters sind sie relativ selten und nicht so leicht zu bekommen. Fliegen können Ohikis auch nicht gut und benötigen somit weder viel Platz noch einen hohen Zaun (Digital Virtues GmbH).

GROẞE HÜHNER

Es gibt eigentlich nicht „die großen Hühner" oder „die normal großen Hühner". Vielmehr gibt es ein großes Spektrum, in dem sich diese Tiere bewegen. Auf Schauen unterscheidet man unter verschiedenen Typen, nämlich zusätzlich zu den Zwerghühnern und den Urzwergen noch unter leichten Rassen, schweren Rassen, harte Feder, weiche Feder und seltenen Rassen.

Leichte Rassen sind hauptsächlich wegen ihrer guten Legeleistung beliebt. Zumeist stammen sie aus dem Mittelmeerraum und legen weiße Eier. Nachteilig ist, dass sie hochfliegen und dazu neigen, nervös zu sein.

Schwere Rassen werden für ihr Fleisch und ihre Legeleistung gehalten. Sie sind in der Regel wesentlich ruhiger als leichte Rassen und unempfindlich durch ihr dichtes Gefieder.

Harte Feder bezeichnet Hühner mit kurzen, festen Federn, wie z.B. Kämpfer. Weiche Feder bedeutet dementsprechend ein flauschiges Gefieder, das die Hühner rundlich wirken lässt und genauso gemütlich wie ihr Gefieder ist meistens auch ihre Art.

Seltene Rassen sind meistens nicht durch Verbände vertreten und eben rare Hühner (Graham 2008, S. 73)

SUSSEX - DAS GROßE ANFÄNGERHUHN

Farbe	wildbraun, gelb-schwarzcolumbia, schwarz-weißcolumbia, rot-schwarzcolumbia, grau-silberfarbig, braun-porzellanfarbig, bunt, weiß		
Herkunft	England		
Legeleistung im Jahr	bis zu 180 Eier		
Eiergewicht	ca. 60 g		
Eierfarbe	hellbraun		
Gewicht	**Henne:** 3,2 kg	**Hahn:** 4,1 kg	
Zwergform?	Ja, Zwergkämpfer	**Henne:** 0,79 kg	**Hahn:** 1,13 kg

Eigenschaften:

Das Sussex ist ein typisches Zwiehuhn: Es ist sowohl ein hervorragender Eierleger als auch ein guter Fleischlieferant. Doch auch auf Geflügelschauen in England ist das Sussex, besonders in der Zwergvariante, wegen seiner Farben beliebt. Es ist genügsam, robust, ruhig und frühreif und eignet sich somit wunderbar als Anfängerhuhn (Graham 2008).

BRAHMA -DAS ALLESKÖNNERHUHN

Farbe	gelb-schwarzcolumbia, schwarz, rebhuhnfarbig-gebändert, weiß-schwarzcolumbia		
Herkunft	vermutlich Vorfahren aus Indien und China, gezüchtet in den USA		
Legeleistung im Jahr	bis zu 140		
Eiergewicht	ca. 55 g		
Eierfarbe	gelbbraun		
Gewicht	Henne: 4,1 kg	Hahn: 5, 45 kg	
Zwergform?	Ja	Henne: 0,91 kg	Hahn: 1,08 kg

Eigenschaften:

Die Brahmas gehören zu den größten Hühnerrassen, doch wer ihnen deswegen Trägheit zuschreibt, liegt falsch. Sie sind nicht schreckhaft, sondern eher im Gegenteil sehr lebendig, neugierig, robust und freundlich. Grundsätzlich sind Vertreter dieser Rasse nicht aufgeregt, aber wenn mal ein Sprint eingelegt wird, überrascht die Geschwindigkeit der großen Hühner. Durch ihr vergleichsweise hohes Gewicht lohnt es sich, diese Rasse auch zum Verzehr zu halten und nicht nur die hohe Legeleistung auszukosten. Dafür benötigen die Brahmas natürlich mehr Futter (Graham 2008).

SCOTS GREY - DIE FREIHEITSLIEBENDEN

Farbe	schwarz-weißgestreift
Herkunft	Schottland
Legeleistung im Jahr	viele Eier
Eiergewicht	normal große Eier
Eierfarbe	weiß, creme
Gewicht	**Henne:** 2,25 kg **Hahn:** 3,2 kg
Zwergform?	Ja **Henne:** 0,57 kg **Hahn:** 0,68 kg

Eigenschaften:

Die Scots Grey sind aufgrund ihrer Herkunft sehr wetterfest, haben aber auch ein großes Platzbedürfnis. Wenn die Anforderungen an den Platz nicht erfüllt werden, reagieren die Tiere auch mal damit, dass sie sich die Federn ausreißen und dass sie picken. Auch ihr schreckhaftes Verhalten und das lebhafte Verhalten der Hähne während der Brutzeit machen das Scots Grey nicht zu einem idealen Anfängerhuhn. Wer sich aber diese Rasse zutraut, bekommt ein selten gewordenes Huhn mit langer

Ahnenreihe und die Chance, zum Erhalt der Rasse beizutragen (Graham 2008).

STRUPPHÜHNER - DAS ZERZAUSTE HUHN

Farbe	schwarz, blau, weiß, gesperbert, columbia, „Duckwing", getupft usw.		
Herkunft	Südostasien		
Legeleistung im Jahr	bis zu 130 Eier		
Eiergewicht	ca. 58 g		
Eierfarbe	creme		
Gewicht	**Henne:** 2,7 kg	**Hahn:** 3,6 kg	
Zwergform?	Ja	**Henne:** 0,68 kg	**Hahn:** 0,79 kg

Eigenschaften:
Die besonders in der Großform seltenen Hühner

fallen sofort durch ihr ungewöhnliches Federkleid auf. Die besondere Federstruktur ist wahrscheinlich durch eine Mutation entstanden und kann theoretisch auch bei jeder Hühnerrasse ab und zu auftauchen. Die Hühner wirken wie vom Wind zerzaust, sodass ihnen schnell Empfindlichkeit zugeschrieben wird. Strupphühner sind aber relativ wind- und wetterfest. Zudem sind sie zutraulich und vor allem emsig beschäftigt. Während die Hähne stolz umhermarschieren, scharren die Hennen und jedes der struppigen Tiere geht seiner Beschäftigung nach (Fröhlich 2020h).

VORWERKHÜHNER - DAS HUHN FÜR DIE MOBILE HÜHNERHALTUNG

Farbe	gelb, schwarz		
Herkunft	Deutschland, Hamburg		
Legeleistung im Jahr	bis zu 170 Eier		
Eiergewicht	ca. 58 g		
Eierfarbe	creme, getönt		
Gewicht	**Henne:** 2,5 kg	**Hahn:** 3,2 kg	
Zwergform?	Ja	**Henne:** 0,68 kg	**Hahn:** 0,9 kg

Eigenschaften:

Vorwerkhühner sind Zwiehühner und können somit sowohl als Eierleger als auch als Tafelhühner überzeugen, wobei das Fleisch eher als zäh gilt und somit keine klassische Brathähnchen-Qualität mitbringt.

Wer gerne das Gelbe vom Ei isst, kommt hier aufgrund des großen Dotteranteils auf seine Kosten. Die Rasse gilt als freundlich, zutraulich, robust und als Ausbrecherkönig. Die Küken finden jede Masche und jüngere Tiere flattern gerne auch mal höher und brauchen daher einen entsprechend hohen Zaun. Hähne fallen durch ihr friedliches Verhalten anderen Hähnen gegenüber auf. Da Vorwerkhühner sehr selbstständig nach Futter suchen, muss bei ausreichendem Auslauf kaum zugefüttert werden. Mit dieser Eigenschaft eignen sie sich z.B. gut für die mobile Hühnerhaltung. Die Rasse ist selten geworden, bietet aber einen potentiellen Gewinn für eine ökologische und biologische Haltung, wie sie in Zukunft vielleicht denkbar wäre (Fröhlich 2020i).

OSTFRIESISCHE MÖWEN - DAS NORDDEUTSCHE URGESTEIN

Farbe	silber-schwarzgeflockt, gold-schwarzgeflockt			
Herkunft	Deutschland			
Legeleistung im Jahr	bis zu 170 Eier			
Eiergewicht	ca. 55 g			
Eierfarbe	weiß			
Gewicht	**Henne:** 2,5 kg	**Hahn:** 3 kg		
Zwergform?	Ja	**Henne:** 0,8 kg	**Hahn:** 0,9 kg	

Eigenschaften:

Durch ihre Herkunft von der eher rauen Nordsee, sind Ostfriesische Möwen sehr robust und fast allen Wetterbedingungen gewachsen. Sie fliegen auch sehr gut und brauchen von daher einen hohen Zaun.

Dafür ist ihre Legeleistung für ein Landhuhn durchaus ordentlich und ihr Fleisch gilt als besonders wohlschmeckend. Zutraulich werden die norddeutschen Hühner allerdings nicht so schnell, sie sind eigenständig und entfernen sich nach Möglichkeit auch mal weiter vom Stall oder Hof, um ihr Futter zu suchen. Wie viele alte Hühnerrassen steht auch die Ostfriesische Möwe auf der roten Liste der bedrohten Haustierrassen (Fröhlich).

MALAIEN - DER AUSSTELLUNGSKÄMPFER

Farbe	schwarz, schwarz-rot, „Pyle", porzellanfarbig, weiß, weizenfarbig		
Herkunft	Großbritannien, evtl. ursprünglich Ostindien		
Legeleistung im Jahr	bis zu 100 Eier		
Eiergewicht	ca. 50 g		
Eierfarbe	hellbraun		
Gewicht	**Henne:** 4,1 kg	**Hahn:** 5 kg	
Zwergform?	Ja	**Henne:** 1,13 kg	**Hahn:** 1,36 kg

Eigenschaften:

Die Malaien gehören zu den Kämpfern, was gleich auf den ersten Blick auffällt. Sie haben wenig Befiederung, einen aufmerksamen, leicht aggressiven Gesichtsausdruck, lange Beine und eine aufrechte

Haltung. Mit diesem Körperbau können die größeren Exemplare gut und gerne mal 1 m Höhe erreichen. Auch bei der Gruppenzusammenstellung sollte ihre Kämpfernatur beachtet werden, denn neue Hennen werden oft schlecht in die bestehende Gruppe aufgenommen und Hähne untereinander gehen sich nicht aus dem Weg, sondern suchen ganz bewusst die Auseinandersetzung, die meist blutig endet. Ideal ist das Zusammenleben von zwei Hennen mit einem Hahn. Entgegen ihres Aussehens und ihres Verhaltens gegenüber Artgenossen, gestaltet sich das Zusammenleben mit dem Menschen aber eher ruhig und vertraut. Deswegen gelten die Malaien als beliebte Ausstellungshühner, da andere Kämpfer meist aggressiver sind (Graham 2008).

ARAUCANER -DIE GRÜNLEGER

Farbe	schwarz-rot, goldhalsig, gesperbert, blau-wildfarbig, blau-goldhalsig, blau-weizenfarbig, silberhalsig, schwarz, blau, blau gesäumt, wildfarbig		
Herkunft	Südsee, erstmals gezielt gezüchtet in Amerika		
Legeleistung im Jahr	bis zu 180 Eier		
Eiergewicht	ca. 50 g		
Eierfarbe	grün bis türkis		
Gewicht	**Henne:** 2 kg	**Hahn:** 2,5 kg	
Zwergform?	Ja	**Henne:** 0,75 kg	**Hahn:** 0,85 kg

Eigenschaften:

Der wichtigste Grund diese Zierhühner zu halten, ist für die meisten wohl der Erhalt grüner Eier. Nicht nur, dass die Eier grün sind, einige haben auch einen geringeren Cholesteringehalt, ähnlich wie Wachteleier. Da nicht alle Eier cholesterinfrei sind, kann nur ein Labortest zeigen, bei welchen diese Aussage zutrifft. Zusätzlich zu den herausstechenden Eiern gilt das Fleisch als besonders schmackhaft.

Die ehemals halbwild lebenden Hühner haben zudem eine besondere Kopfbefiederung, die sich in Bommeln, Quasten und Tuffs zeigt. Wegen ihres ausgeprägten Backen- und Kehlbarts verklebt dort schnell das Gefieder bei klebrigem Futter und kann zum Picken an den entsprechenden Stellen führen. Einige Züchter setzen auf eine schwanzlose Züchtung, diese gilt aber inzwischen als Qualzucht. Des Weiteren fallen die Araucaner durch ihre ruhige und robuste Art auf (Fröhlich).

ITALIENER-HUHN - DER EIERKÖNIG

Farbe	viele; blau, gelb, weiß, rebhuhnfarbig, kennfarbig, perlgrau, goldfarbig usw.		
Herkunft	Italien		
Legeleistung im Jahr	bis zu 200 Eier		
Eiergewicht	ca. 55 g		
Eierfarbe	weiß		
Gewicht	**Henne:** 2,5 kg	**Hahn:** 3 kg	
Zwergform?	Ja	**Henne:** 0,91 kg	**Hahn:** 1,02 kg

Eigenschaften:

Der goldfarbige Italiener-Hahn sieht aus wie der Hahn aus dem Bilderbuch: die Farbe, die Haltung, der Stolz. Wie viele mediterrane Hühnerrassen sind die Italiener laut, erregbar, lebhaft und Mimosen bei kälteren Temperaturen. Höhere Temperaturen machen den flugfähigen Hühnern zwar nichts aus, aber bei kälteren kommt es schnell zu Erfrierungen an den Kämmen. Obwohl diese Hühnerrasse als typische Legehühner eine herausragende Legeleistung zeigt, ist auch deren Bestand mit dem Aufkommen der Hybridrassen stark zurückgegangen. Noch dazu erweisen sich die Italiener-Hennen als keine guten Glucken, da sie sich nicht um ihre Küken kümmern (Graham 2008).

PLYMOUTH ROCKS -DAS FAMILIENHUHN

Farbe	schwarz, weiß, weiß-schwarzcolumbia, gelb, gestreift, rebhuhnfarbig gebändert, silberfarbig gebändert		
Herkunft	USA, Massachusetts		
Legeleistung im Jahr	bis zu 180 Eier		
Eiergewicht	ca. 55 g		
Eierfarbe	gelbbraun		
Gewicht	**Henne:** 2,95 kg	**Hahn:** 3,4 kg	
Zwergform?	Ja	**Henne:** 1,13 kg	**Hahn:** 1,36 kg

Eigenschaften:

Die Plymouth Rocks eigenen sich aus verschiedenen Gründen ausgezeichnet als Familien- und Anfängerhühner. Zum einen liegt das daran, dass sie anspruchslos und robust sind, selbst gerne Futter suchen und nicht gerne fliegen. Zum andern sind sie ruhig, friedlich und lassen sich gerne anfassen und streicheln. Auch ihre attraktiven Farbschläge begeistern so manchen Züchter.

Ihre hohe Legeleistung und ihre Eignung zur Mast machen sie zu idealen Zwiehühnern (Graham 2008).

AUSTRALORPS -DIE UNTERSCHÄTZTE HÜHNERRASSE

Farbe	weiß, schwarz, blaugesäumt			
Her-kunft	Australien			
Legeleis-tung im Jahr	bis zu 200 Eier			
Eierge-wicht	ca. 55 g			
Eier-farbe	braun			
Gewicht	**Henne:** 2,5 kg	**Hahn:** 3,5 kg		
Zwerg-form?	Ja	**Henne:** 0,79 kg	**Hahn:** 1,02 kg	

Eigenschaften:

Von Hybridhühnern abgelöst, handelt es sich bei den Australorps um ein ertragreiches Zwiehuhn. Mit einer Legeleistung von 200 Eiern im Jahr und zahlreichen Fantastereien um das tägliche Ei und zudem einem relativ hohen Gewicht, gehört das Huhn zu den, wirtschaftlich gesehen, erfolgreichsten Züchtungen. Trotzdem erfreuen sich die Zwiehühner, ungeachtet ihres sanften und zutraulichen Wesens, nicht der größten Beliebtheit. Es lässt sich gerne anfassen und die Glucken kümmern sich hervorragend um die Küken.

Besonders ist auch bei den schwarzen Vertretern der Rasse, dass das Gefieder grün schimmert wie der Panzer einiger Käfer. Genauso dunkel sollten außerdem die Läufe und der Schnabel sein, gegebenenfalls sogar schieferblau (Graham 2008).

JERSEY GIANTS - DIE RIESEN UNTER DEN HÜHNERN

Farbe	weiß, schwarz, blau gesäumt			
Herkunft	USA			
Legeleistung im Jahr	bis zu 180 Eier			
Eiergewicht	ca. 60 g			
Eierfarbe	braun			
Gewicht	**Henne:** 4,5 kg	**Hahn:** 5,5 kg		
Zwergform?	Ja	**Henne:** 1,1 kg	**Hahn:** 1,7 kg	

Eigenschaften:

Zuchtziel bei den Jersey Giants war die Züchtung einer ähnlich großen Rasse. Zu Beginn der Züchtung der Rasse konnten kastrierte Hähne auch mal auf bis zu 9 kg kommen und somit den schweren Puten durchaus Konkurrenz machen. Doch obwohl die

Jersey Giants zu solch einem hohen Gewicht kommen und auch eine recht ordentliche Legeleistung aufweisen können, sind diese selten in der kommerziellen Hühnermast eingesetzt worden. Früher abgelehnt durch die schwarzen Läufe, heute überboten durch die schnell zunehmenden Hybridhühner. Die große Rasse braucht nämlich gut 6 Monate, um ihre volle Größe zu erreichen.

Bedingt durch ihr Gewicht sind sie zudem ruhig, sanft, robust und sie fliegen nicht. Besonders bei ausgewachsenen Tieren reicht ein niedriger Zaun. Der Platzbedarf ist aber aufgrund der einmaligen Größe höher als der eines „Durchschnittshuhns" (Fröhlich).

Gesundheit

Wie alle Schutzbefohlenen, haben auch Ihre Hühner ein Recht darauf, dass Sie ihnen ein gesundes Leben bieten. Die meisten Hühner sind sehr robust und werden selten richtig krank. Trotzdem können Krankheiten, kleinere gesundheitliche Beschwerden und Schädlingsbefall auftreten. Vielem können Sie mit einfachen Mitteln vorbeugen und schnell Herr werden, wichtig ist dabei vor allem, dass es rasch erkannt wird. Die Hühner regelmäßig zu beobachten, den Futterkonsum im Auge zu behalten und sie ab und zu mal hochzuheben ist dazu unerlässlich. Ihre Hühner zu beobachten kann also in keinem Fall als Zeitverschwendung angesehen werden, wenn das Wohl Ihrer Hühnerherde davon abhängt.

Hier soll ein kleiner Überblick über die wichtigsten Krankheiten gegeben werden. Grundsätzlich können Sie aber meistens Ihrem Gefühl vertrauen, wenn Ihnen etwas komisch vorkommt, stimmt wirklich meistens etwas nicht. Rote, tränende Augen, Niesen, Durchfall, blutverschmierte Eier, Flecken am Kamm und Gleichgewichtsstörungen sind nur einige der Symptome, bei denen sie aufhorchen sollten. Grundsätzlich ist es sowieso ratsam, einen Tierarzt zu kontaktieren, selbst wenn Sie sich sicher sind, die Krankheit identifiziert zu haben. Auffällige Tiere am besten sofort von der Herde absondern, um Ansteckungen weitestmöglich zu vermeiden.

MAUSER

Die Mauser mag für viele Neuhühnerhalter erschreckend aussehen. Die Henne verliert nach und nach ihre Federn, der Kamm schrumpelt zusammen und verblasst, sie legt keine Eier mehr und sieht kränklich aus. Was für Laien nach einer Krankheit aussieht, ist meistens in Wirklichkeit die Mauser, die ganz natürlich für ca. ein bis zwei Monate im Jahr eintritt.

Ein Grund für den radikalen Federwechsel ist eine saisonal bedingte Legepause. Hybridhühner beispielsweise haben keine Mauser und sind durch ca. 300 Eier im Jahr so ausgelaugt, dass sie nach ein bis zwei Jahren ausgemergelt sind. Ein anderer Grund ist, dass sich das Federkleid nach einer bestimmten Zeit abgenutzt hat und ein neues für ausreichend Schutz benötigt wird, zum Beispiel für den kommenden Winter.

Die Mauser tritt meistens im Spätsommer oder Herbst ein, wenn die Tage kürzer werden, es weniger Licht gibt und es draußen kälter wird. Es kann auch durchaus passieren, dass die Mauser zu einem anderen Zeitpunkt eintritt, wenn Junghennen durch Kunstbrut zu einem unnatürlichen Zeitpunkt legebereit sind oder wenn sie zu früh mit dem Legen angefangen haben.

Mit Futter-, Wasser- und Lichtentzug kann die Mauser auch künstlich herbeigeführt werden, um z.B. alle Hennen gleichzeitig in die Mauser zu führen.

In Einzelfällen kommt es ausschließlich zu einer

Halsmauser. Normal ist das bei Winterlegerinnen, bei Junghennen dagegen weist es oftmals auf eine schlechte Aufzucht-Phase hin, beispielsweise wenn die Henne zu früh Legemehl bekommen hat und zu dem Zeitpunkt noch zu jung für die Eierproduktion war. Die Teilmauser zeigt in diesem Fall die Überbeanspruchung (Heinicoop UG).

Wie kann ich meinen Hennen die Mauser erleichtern?

Genauso anfällig wie die zerrupften Hühnchen aussehen, sind sie in den meisten Fällen leider auch. Ohne deckendes Federkleid frieren die Hennen schnell, ihr Vitamin- und Nährstoffbedarf ist höher und sie sind anfälliger für Krankheiten.

Natürlich müssen besonders jetzt Zugluft und Nässe vermieden werden. Außerdem kann man die beanspruchten Hühner auch mit dem Futter unterstützen. Das sollte nun besonders eiweiß- und vitaminreich sein, viele empfehlen in diesem Zusammenhang eine gute Versorgung mit Methionin, das ist eine Aminosäure bzw. ein Eiweißbestandteil. Einige Futterhersteller bieten für diesen Zeitraum spezielle Futtermischungen oder Wasserzusätze an. Sie können aber genauso gut selbst die

Futterzusammenstellung in die Hand nehmen.

Als besonders reich an Methionin gelten Fleischreste, Milchprodukte, Fisch, Sojabohnen, Bierhefe sowie gekochte und gehackte Eier (Dr. Martens 2018). Natürlich können Sie an dieser Stelle gern auf die heißgeliebten Mehlwürmer zurückgreifen, aber auch Garnelen stehen ganz oben auf der Liste der eiweißreichen Lieblingsessen. Für die Vitaminzufuhr empfiehlt sich frisches Grünfutter wie Brennnesseln, Löwenzahn, Äpfel, Beeren und Saaten. Solange Sie den Hühnern nichts Giftiges geben, haben Sie hier aber relativ freie Hand bei der Auswahl des Grünfutters, die Hennen werden sich sicher über das meiste freuen (Schiffer und Hotze 2013).

LEGENOT

Legenot kann relativ oft vorkommen. Sie erkennen es daran, dass die Henne in katzenbuckelartiger Stellung in aufrechter Haltung dasteht, sie plustert sich auf und wirkt beunruhigt. Die Ursache ist ein querkommendes oder unförmiges Ei, dass im Eileiter der Henne feststeckt. Unter Umständen kann auch ein entzündeter Eileiter die Ursache sein.

Was auch immer dafür verantwortlich ist; das Ei muss schnellstmöglich heraus. Das Massieren des Bauches, ein Einlauf mit Pflanzenöl oder ein Kamillendampfbad können helfen. Als letzte Option bleibt nur das Zerstören des Eies, was Sie aber ohne einen Tierarzt nicht machen sollten, um den empfindlichen Eileiter nicht zu beschädigen.

PARASITEN

Am meisten ist die Gesundheit Ihrer Hühner wohl durch Parasiten bedroht. Einigen dieser Bedrohungen können Sie ganz einfach vorbeugen, indem Sie die Tiere impfen, Wurmkuren verabreichen, auf die Stallhygiene achten und bei Befall Insektizide einsetzen.

Gegen **Geflügelsalmonellen** hilft zum Beispiel das Impfen der Elterntiere. Der Befall zeigt sich in Mattigkeit, hängenden Flügeln und weißem Durchfall.

Darmparasitenbefall, wie zum Beispiel **Kokzidiose**, zeigt sich in mangelnder Fresslust, Wachstumshemmung und blutigem Kot. Dagegen gibt es ein Kokzidiose-Mittel. Als natürliches Mittel wirkt

Apfelessig im Magen-Darm-Trakt säuerlich und hilft so, den Kokzidien ein ungemütliches Milieu zu verschaffen. Der Essig kann regelmäßig in kleineren Dosen ins Wasser gegeben werden, wenn Sie allerdings zu viel reintun, dann trinken die Hühner es nicht mehr. Oregano soll ebenfalls helfen, die Parasiten zu vertreiben.

Milben (Rote Vogelmilbe, Räudemilben) lassen sich mit Hygiene und Insektiziden gut bekämpfen. Räudemilben zeigen sich sehr auffällig durch die sogenannten Kalkbeine. Dabei sehen die Beine, wie schon der Name sagt, so aus als wären sie verkalkt, also weißlich-grau und rau. Hiergegen verschreibt der Tierarzt meist eine Salbe, mit der die Beine behandelt werden sollen. Vogelmilben lassen sich am besten nachweisen, indem Sie nachts ein weißes Tuch auslegen und nach ca. 20 min kontrollieren, ob darauf kleine rote krabbelnde Punkte zu sehen sind. Es gibt gegen die rote Vogelmilbe eine seit 2017 zugelassene Arznei. Regelmäßig desinfiziert werden sollte der Stall nach einem Milbenbefall aber auf jeden Fall auch.

Anderen häufig auftretenden Ektoparasiten, wie **Federlingen** oder **Flöhen**, kann man auch mit

Insektiziden beikommen. Zusätzlich empfiehlt sich Entlausungspulver, Kieselgur oder Präparate, die den Hühnern in den Nacken geträufelt werden.

Innenparasiten (Endoparasiten) wie **Würmern** (Bandwürmer, Haar-/Spulwürmer) kann man mit einer Entwurmung gut Herr werden. Diese sollte regelmäßig ein- bis zweimal im Jahr durchgeführt werden. Hierbei ist es wichtig, die Herstellerangaben über die Wartezeiten zu beachten.

VERGIFTUNGEN

Typische Vergiftungssymptome sind Durchfall, Krämpfe, Würgen, Erbrechen oder Gleichgewichtsstörungen wie Taumeln, unsicheres Gehen und Benommenheit. Um die Ursache festzustellen, muss man herausfinden was die Hühner gefressen haben. Bei großen Ausläufen ist das natürlich nicht so einfach zurückzuverfolgen. Häufige Ursachen sind aber verschimmeltes Futter, Reste von Rattengift oder Ähnlichem, gekeimte Kartoffeln, Kunstdünger oder Getreidebeizmittel.

Wenn Ihre Hühner nun einige Symptome zeigen, sollte schnellstmöglich der Tierarzt verständigt werden, selbst wenn es sich nicht um eine Vergiftung handelt, stimmt sicher irgendetwas anderes nicht.

IMPFUNGEN

Die einzige vorgeschriebene Impfung ist die gegen **Newcastle Disease** (ND), auch atypische Geflügelpest genannt. Es gibt zwar noch ca. 20 andere Geflügelkrankheiten gegen die Großbetriebe impfen, aber für kleine Bestände sind die meisten irrelevant, zum Beispiel die Marek'sche Krankheit (MD) oder infektiöse Bronchitis.

Gegen ND gibt es nun zwei Impfarten: Die Lebendimpfung, bei der den Hühnern der Wirkstoff ins Wasser gegeben wird, und die Totimpfung, bei der die Tiere direkt geimpft werden. Die Lebendimpfung hält aber leider nur maximal 3 Monate und muss daher mehrmals jährlich wiederholt werden. Ein Jahr lang hält dafür die Totimpfung. Aus Kosten- und Aufwandsgründen ist es am besten, Hühnerherden von bis zu 50 Tieren vom Tierarzt impfen zu lassen und Herden von über 50 Tieren mit der Lebendimpfung zu behandeln. 10 Hühner kosten etwa 30 Euro im

Jahr bei der Impfung, darin enthalten sind Anfahrts-
kosten, Tierarztkosten, Impfstoff, Impfpass, etc.
(Sudhoff).

Bei größeren Beständen muss auch gegen **Sal-
monellen** geimpft werden, nämlich bei Gruppen ab
250 bzw. 350 Tiere (§ 3 Geflügel-Salmonellen-Ver-
ordnung). Ob man gegen eine Krankheit impft, bleibt
dem Besitzer natürlich selbst überlassen. Wenn re-
gional vermehrt Geflügelkrankheiten umgehen,
eventuell auch in Betrieben, aus denen die eigenen
Hühner stammen, ist es selbstverständlich sinnvoll,
auch spezifisch dagegen zu impfen.

SEUCHEN ANZEIGEN UND MELDEN

Es gibt einige Seuchen bei Hühnern, die der zustän-
digen Behörde gemeldet werden müssen. Da Sie zur
Identifikation sowieso einen Tierarzt zurate ziehen
müssen, kann dieser die Seuche auch melden. Meistens muss der Bestand dann sofort geschlachtet und
entsorgt werden. Melden Sie es aber in jedem Fall,
um eine weitere Ausbreitung zu vermeiden. Grassie-
rende Seuchen können sonst riesige Bestände

kosten und Zuchtfortschritte in Wochen zunichtemachen.

Zu den meldepflichtigen Seuchen gehören nach § 1 (Anlage) der Verordnung über meldepflichtige Tierkrankheiten:

Campylobacteriose, Chlamydiose, Gumboro-Krankheit, Infektiöse Laryngotracheitis des Geflügels (ILT), Listeriose, Marek'sche Krankheit, Salmonellose/Salmonella, Tuberkulose und Vogelpocken (Bundesamt für Justiz).

Anzeigepflichtig sind zudem die Geflügelpest (Vogelgrippe), Geflügelcholera und die Newcastle Disease. Am besten kann man selbst den Bestand vor Vogelgrippe schützen, indem der Kontakt mit Wildvögeln über Kot, oder zum Beispiel Futter weitestgehend vermieden wird (Schiffer und Hotze 2013). Allein deswegen lohnt sich schon der Bau einer Voliere mit Überdachung oder Netz nach oben hin.

Tipps und Tricks

ABHÄNGIGKEIT SCHAFFEN.

Wer täglich zur gleichen Zeit füttert, schafft zwischen sich und den Hühnern eine gewisse Abhängigkeit. Ob Sie das positiv oder negativ bewerten, bleibt Ihnen überlassen.

EIN HUHN IST VERLETZT UND ES WIRD NICHT BESSER.

Wenn ein Huhn eine Verletzung hat, besonders wenn es nach Blut riecht, beginnen die anderen Hühner damit, dieses Huhn zu picken. Es muss deswegen sofort abgesondert werden. Hierfür kann immer ein Meerschweinchenkäfig oder etwas Ähnliches

bereitgehalten werden, wo es bis zur Verheilung blei-
ben kann. Am besten stellen Sie den Käfig in die Nähe
der anderen Hühner, so dass das einzelne Huhn die an-
deren noch hören kann. Das sollte aber auf keinen Fall
eine Dauerlösung sein!

DIE EIERSCHALEN GEHEN SCHON BEI LEICHTEM DRUCK KAPUTT.

Muschelkalk kann vermehrt gegeben werden, wenn
Ihnen die Eier in der Hand zerbröseln. Damit wird den
Hühnern Calcium zugeführt und die Eierschalen kön-
nen sich wieder richtig bilden.

DIE HÜHNER FLIEGEN STÄNDIG ÜBER DEN ZAUN.

Bei Problemen mit zu hoch fliegenden Hühnern kön-
nen vorne die sogenannten Handschwingen mit einer
Schere abgeschnitten werden. Das tut den Hühnern
nicht weh, beeinträchtigt aber ihre Flugfähigkeit.

DIE HÄHNE GEHEN STÄNDIG AUFEINANDER LOS.

Das Problem könnte sein, dass zu viele Hähne auf zu wenig Hühner kommen. Bei einer Rasse mit einer hohen Legeleistung sollten mindestens 10 Hennen auf einen Hahn kommen, bei anderen Rassen auch mal 7-10 Hühner. Welche Anzahl richtig ist, ist also sehr rasseabhängig. Hähne mancher aggressiveren Rassen lassen häufig keine Konkurrenten zu. Im Zweifelsfall sollte man nur einen oder gar keinen Hahn halten, wenn man sowieso keine befruchteten Eier möchte.

EIN FREMDER HAHN WIRD NICHT AKZEPTIERT.

Häufig werden jüngere, fremde Hähne nicht von den älteren Hennen akzeptiert. Oft sind Picken und das Jagen des armen Hahns die Folge. Grundsätzlich sollte man keine Hähne unter 6 Monaten zu einer bestehenden Gruppe dazusetzen und auch das kann unter Umständen noch zu früh sein. Wichtig ist, dass der Hahn selbstbewusst ist und sich durchsetzen kann, natürlich auch körperlich. Hat man schon das Problem eines attackierten Hahns, können Sie nur erst mal abwarten, ob es besser wird und er doch noch seinen Chefposten einnimmt. Nimmt der Kampf gar kein Ende, bleibt Ihnen nur, den Hahn aus der Herde zu nehmen und ihn gegebenenfalls ein paar Wochen oder Monate später wieder reinzusetzen.

Generell empfiehlt es sich, auch neue Hühner, sei es Henne oder Hahn, im Dunkeln in den Stall zu setzen, so können sich die müden Hühner in Ruhe an die Neuzugänge gewöhnen.

WIE HEBE ICH DAS HUHN AM BESTEN HOCH?

Nicht immer ist es einfach, die flatternden, strampelnden und meistens auch flinken Hühner einzufangen. Eines bringt da auf jeden Fall schon mal gar nichts, und zwar hinterherrennen. Letztlich rennt man dann nur wie blöd los, während das Huhn den Schock seines Lebens bekommt und wild gackernd durch den Stall flitzt.

Zeitlich gesehen ist es am sinnvollsten, die schläfrigen Hühner nachts zu fangen. Mit langsamen Schritten kann man versuchen, das Huhn in eine Ecke zu drängen, um dann schnell das Huhn zu umfassen. Gerade bei sehr flugfähigen Rassen sollte man schnellstmöglich die Flügel an den Körper drücken, um hektisches Flügelschlagen zu vermeiden. Einige Hühnerzüchter packen die Hühner auch völlig schmerzfrei am Bürzel und halten die Tiere dann kopfüber daran fest, natürlich nur kurze Zeit. Die Hühner zappeln dann nicht mehr und lassen sich so halten. Verständlicherweise mögen viele Besitzer diese Behandlungsweise aber nicht besonders.

Herstellung und Verlag:
BoD – Books on Demand, Norderstedt
ISBN: 9783751949392

1. Auflage
Kontakt: Psiana eCom UG/ Berumer Str. 44/ 26844 Jemgum
Covergestaltung: Fenna Larsson
Coverfoto: depositphotos.com